Texte de Natacha Godeau.

Pour l'éditeur, le principe est d'utiliser des papiers composés de fibres naturelles, renouvelables, recyclables et fabriquées à partir de bois issus de forêts qui adoptent un système d'aménagement durable. En outre, l'éditeur attend de ses fournisseurs de papier qu'ils s'inscrivent dans une démarche de certification environnementale reconnue.

Édité par Hachette Livre - 43 quai de Grenelle, 75905 Paris Cedex 15
Imprimé par Pollina en France - L70652 – Achevé d'imprimer : janvier 2015
ISBN : 978-2-01-465189-8 – Édition : 02 – Dépôt légal : juillet 2014
Loi n°49-956 du 16 juillet 1949 sur les publications destinées à la jeunesse.

Pour tout renseignement concernant nos parutions, nous contacter
par téléphone au 01 43 92 38 88 ou par e-mail : disney@hachette-livre.fr

Disney Les Fées

Clochette et la Fée Pirate

hachette
JEUNESSE

Bienvenue dans la Vallée des Fées ! Comme chaque jour, Zarina, la Gardienne de la Poussière de Fée, arrive à pied à son travail.

Elle n'utilise jamais sa ration quotidienne de Poussière de Fée dorée pour voler. Elle préfère la garder précieusement chez elle pour l'étudier !

Aujourd'hui, Zarina est désignée pour apporter la Poussière Bleue au Grand Arbre, afin qu'il produise la Poussière de Fée dorée. Zarina est fascinée !

– Attention ! l'avertit pourtant Gary, le Gardien en Chef. Il est interdit de toucher à la Poussière Bleue !

Mais de retour chez elle, Zarina n'hésite pas à utiliser un grain de Poussière Bleue pour créer de la Poussière Orange, qui donne le talent des Fées des Lumières !

Folle de joie, Zarina décide de partager sa fabuleuse découverte avec la seule Fée aussi aventureuse qu'elle : Clochette ! Ni une ni deux, elle fonce chez la petite Bricoleuse. Elle fabrique alors de la Poussière Violette, du talent des Fées Voltigeuses.

Zarina décide alors de fabriquer de la Poussière Rose, du talent des Fées des Jardins. Hélas, la Poussière Rose provoque une catastrophe : une plante géante défonce le toit du Dépôt de Poussière de Fée !

Gary renvoie alors Zarina du groupe des Gardiens. La Fée trouve cela si injuste qu'elle boucle ses bagages et quitte la Vallée...

Quelques mois plus tard, c'est la Fête des Quatre Saisons. Les Fées de l'Hiver ouvrent le spectacle, quand Zarina se faufile parmi la foule en semant de la Poussière Rose.

Des coquelicots s'épanouissent, et voici que leur pollen endort tout le monde, dans l'amphithéâtre !

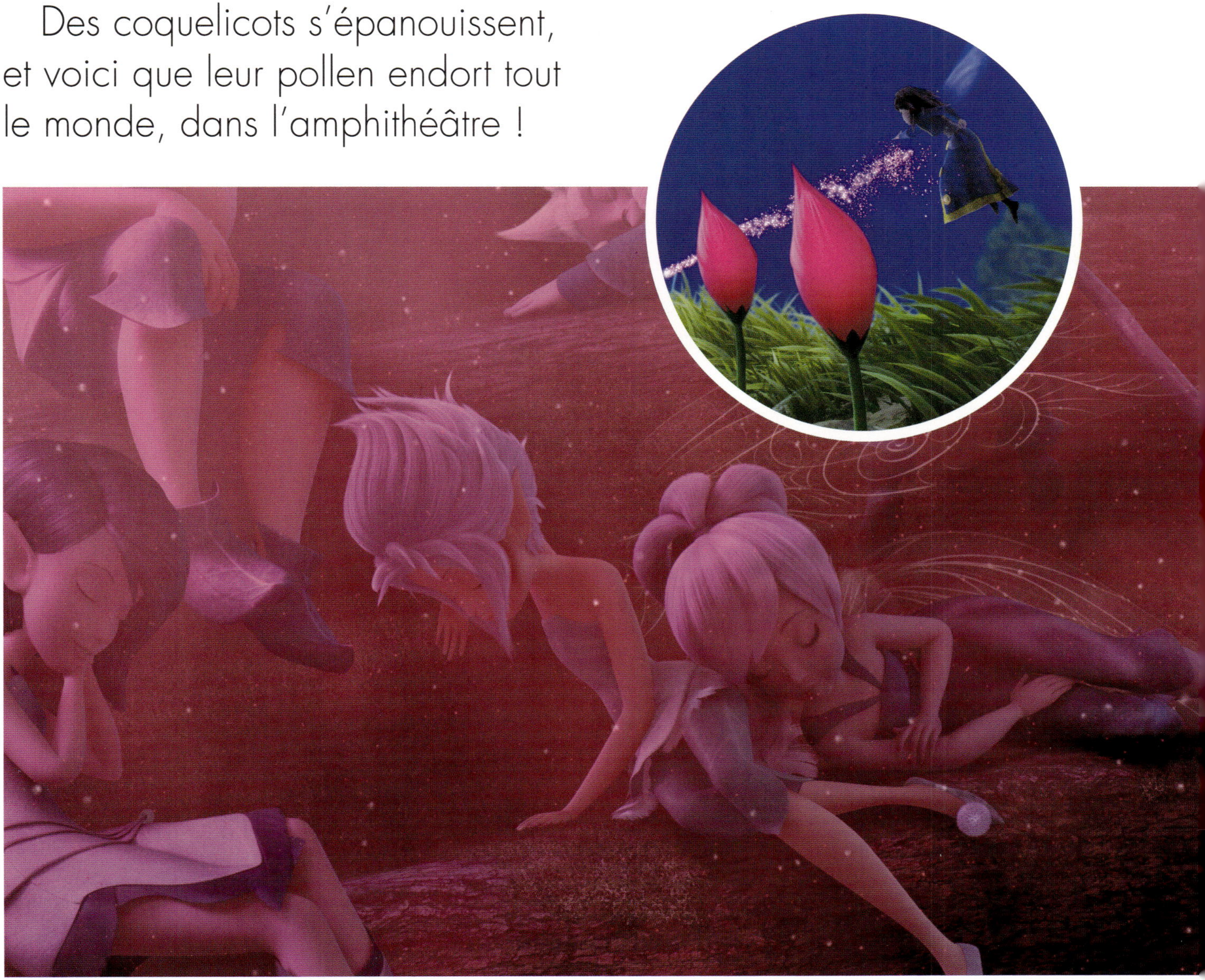

Zarina se sauve alors en emportant la Poussière Bleue du Dépôt. Mais Clark, parti aux toilettes, n'a pas été endormi par le pollen. Clochette et ses amies non plus, car elles se sont cachées juste à temps !

– Nous rattrapons Zarina et toi, Clark, tu veilles sur les Fées, dit Clochette.

Les Fées retrouvent la voleuse à bord d'une chaloupe qui la ramène à un bateau pirate. Et elle montre la Poussière Bleue aux bandits !

– Votre plan était parfait, Capitaine ! la félicite le plus jeune.

– Merci, James ! répond-elle.

Les Fées n'en reviennent pas. Zarina est devenue une pirate !

Ni une, ni deux, Clochette et ses amies reprennent la Poussière Bleue. Seulement, Zarina ne se laisse pas faire, et elle récupère son butin en aspergeant les Fées de Poussière Multicolore.

Aussitôt, l'étrange poudre magique échange leur talent... Pas facile de s'y habituer !

Surtout pour Rosélia : avec son nouveau talent des Animaux, un bébé crocodile la prend pour sa maman !

Soudain, Clochette remarque que le bateau pirate a levé l'ancre. Comment le rattraper ? Pas de panique, Vidia a un plan ! Elle bricole une barque dans la coquille d'œuf du croco, puis Ondine, aussi rapide que le vent, tracte le groupe sur l'océan.

Les Fées se débrouillent cependant et rejoignent bientôt le bateau pirate où la fête bat son plein : l'équipage acclame Zarina qui promet de le faire voler pour mieux piller le monde !

Le navire entre à présent dans la grotte du Rocher du Crâne, où Clochette et ses amies découvrent un autre Grand Arbre...

– Zarina l'a planté, devine Ondine.

– Et elle a besoin de Poussière Bleue pour qu'il produise la Poussière de Fée qui fera voler les pirates ! conclut Clochette.

Dissimulées dans le feuillage de l'arbre, les Fées voient en effet Zarina installer la fiole de Poussière Bleue dans un puits. Mais Iridessa oublie son nouveau talent des Jardins, et en voulant chasser une abeille, elle allonge une des branches de l'arbre sous le nez de Zarina, qui ordonne aux pirates de les capturer !

Seulement, James ayant enfin de la Poussière de Fée, n'a plus besoin de Zarina, et il l'enferme dans une lanterne ! Elle est tombée dans son piège : en réalité, il est le Capitaine des pirates. Il voulait apprendre à voler pour contourner la deuxième étoile qui mène à l'Autre Monde…

Pendant ce temps, dans le garde-manger, le cuisinier surveille à la fois les Fées prisonnières et son ragoût. Quand le réveil sonne la fin de la cuisson, il ne voit pas Bébé Croco qui vient délivrer Rosélia et ses amies… Les Fées s'enfuient alors à tire-d'aile à travers la pièce. Impossible de les rattraper !

Les Fées filent discrètement au Grand Arbre récupérer la fiole de Poussière Bleue.

Mais le Capitaine James les en empêche.

Puis il saupoudre son bateau
de Poussière de Fée et s'envole
au loin en jetant la lanterne
à la mer. Ouf ! les Fées parviennent
à sauver Zarina de la noyade !

Zarina regrette amèrement d'avoir écouté James et décide de lui reprendre elle-même la précieuse fiole.
Elle conduit donc les Fées à la cabine du Capitaine, où elles s'habillent toutes en pirates afin de combattre l'équipage. Et grâce à leurs talents conjugués, elles remportent la bataille !

Les Fées s'emparent du navire des pirates, qui doivent regagner la rive à la nage. Puis, de retour à la Vallée, la Reine Clarion autorise désormais Zarina à être alchimiste. Tant mieux, la Fée restitue ainsi leur vrai talent à ses amies. Mais leurs aventures ne font que commencer, car James a promis de se venger sous son nouveau nom de piraterie : le Capitaine Crochet !